SPECKSTEIN
Abstraktes Gestalten

Gisela Richter

SPECKSTEIN
Abstraktes Gestalten

ENGLISCH VERLAG

Die Deutsche Bibliothek – CIP-Einheitsaufnahme
Speckstein – abstraktes Gestalten / Gisela Richter – Wiesbaden: Englisch, 2001
ISBN 3-8241-1134-9

ISBN 3-8241-1134-9

Fotos: Frank Schuppelius
Herstellung: Michael Feuerer
Printed in Spain

Inhaltsverzeichnis

Vorwort

Abstrakte Objekte mit Speckstein sind das Thema dieses Buches. Doch wer kann mit diesem Thema unbeschwert sofort an die Arbeit gehen? Ich nicht, denn mich interessierte zuerst der Ursprung von „abstrakt". Wir alle kennen Picassos Kunst seiner letzten 20 Jahre – abstrakt ohne Zweifel. Und Brockhaus beschreibt „abstrakt" bzw. „abstrahieren" u. a. mit: „Abtrennen von sinnlich Vorgestelltem, das Wesentliche vom Zufälligen sondern, verallgemeinern; Anklänge, Spuren, Rückerinnerungen an Dingformen."

Halten wir jetzt einen Stein in den Händen, der die Eigenschaft besitzt, mit einfachen Mitteln bearbeitet werden zu können, und sehen ihn an, in seiner weichen Schönheit, so sind sicher einige abstrakte Formen sofort zu erkennen.

Also dann, es kann losgehen!

Gisela Richter

Der Stein

Zuerst ein paar Worte zum Stein allgemein. Der Stein ist das Lieblingsmaterial der Bildhauer seit eh und je.

Die physikalische Festigkeit bzw. Härte, das Gewicht und der verführerische Aspekt von vielen Steinen haben in allen Epochen für sich gesprochen. In Skulpturen aus Stein haben sich alle großen Zivilisationen dargestellt.

Es sind zahllose Varianten von Steinen verfügbar, die sich in ihrer Härte, ihrer Farbe und ihrer Körnung unterscheiden.

Die härtesten Gesteine sind vulkanischen Ursprungs, wie Granit, Basalt, Obsidian, Porphyr. Die weichsten Gesteine sind die umgewandelten Gesteine (Marmor, Alabaster, Schiefer, Steatit bzw. unser Speckstein).

Die am wenigsten porösen Gesteinssorten sind gleichzeitig auch diejenigen, die der Erosion am besten widerstehen.

Hinsichtlich der Wahl des Materials muss Folgendes beachtet werden: die Verfügbarkeit auf dem Markt, der Preis, die Härte, die Witterungsbeständigkeit und – last but not least – das angestrebte künstlerische Ziel.

Der Stein ist ein Material, das den Bildhauer fordert, das Geduld, Hartnäckigkeit und physische Kraft braucht.

Das seiner Härte entsprechende Material erlaubt das Herausarbeiten von mehr oder weniger großen Vertiefungen, ist aber in der Regel nur geeignet für konzentrierte, in sich geschlossene, massive Formen. Die Form des Originalsteinblockes bestimmt die Schritte der Bildhauerarbeit. Korrekturen sind kaum möglich: was man weggearbeitet hat, ist definitiv.

Man unterscheidet nach ihrem Ursprung drei Gruppen von Gestein:

- Die Vulkangesteine: Sie entstehen durch Abkühlung und Verfestigung der aus dem Erdinneren stammenden Schmelzmasse.
- Die Sedimentgesteine: Sie sind das Resultat einer kombinierten Erosionswirkung (Regen, Wind, durch Eis hervorgerufene Sprengung, Verlagerung von Gletschern, etc.) auf Gestein, das sich nahe an der Erdoberfläche befindet. Diese Erosions-, Sedimentations- und Verkittungsprozesse spielen sich über Jahrtausende ab und bringen geschichtete Felsen hervor; die Schichtung ist in der Regel horizontal. Diese Steine sind porös und nur selten homogen.
- Die umgewandelten Steine: Sie resultieren aus der Strukturmodifikation von vulkanischen oder Sedimentationsgesteinen. Die wesentlichen Faktoren für die Umwandlung sind: die Temperatur, der Druck und die chemischen Reaktionen. Das ursprüngliche Gestein wird so hohem Druck und Temperaturen unterworfen, dass es weich wird. Beim Abkühlen des Materials findet eine Kristallisation statt, die zu einem neuen Gestein führt. Diese zeigt sich deutlich in einer geschichteten und kristallinen Form.

Zum Material Speckstein

Eine Hilfe ist es, das Material und das für seine Bearbeitung erforderliche Werkzeug genau zu kennen.

Specksteine, deren wissenschaftliche Bezeichnung Talk-Chlorit-Schiefer oder Steatit lautet, sind dichte, weiße oder hellfarbige, sich fettig anfühlende Aggregate des Minerals Talg. In der Archäologie wird er meist als Steatit bezeichnet. Er wurde z. B. für Rollsiegel und Steingefäße verwendet. So wurde er in China während der Mingdynastie gerne als Ersatz für die kostspielige und nur begrenzt verfügbare Jade genommen. Auch in Afrika fanden sich alte Skulpturen, und deren Steinkunst wird noch heute, wenn auch in minderer Qualität, den Touristen verkauft.

Speckstein hat so viele Namen, wie er inzwischen Verwendungen findet. Wem ist z. B. bekannt, dass sein eisenhaltiges Mineral das „Talkum" ist, das die Gerätesportler z. B. für die Hände verwenden?

Als Siegelstein, Ofen- oder Topfstein hat er in der Archäologie seinen Namen. Funde von Gefäßen und Figuren aus dem 3. Jahrtausend vor Christus weisen darauf hin, dass Speckstein mit Alabaster einer der ältesten, wenn nicht sogar der älteste von Bildhauern für Gebrauchsgegenstände und Skulpturen verwendete Stein ist.

Heute finden wir unseren Stein im täglichen Gebrauch in Form von Körperpuder (Talkum), Salben und Schminke, Zahnpasta, Pharmazeutika, Schmier- und Dichtungsmittel, Isoliermaterial, ja sogar Schädlingsbekämpfungsmittel u. v. m.

Tipp Nr. 1

Sammeln Sie den anfallenden Schleifstaub. Er ist mit Seife oder Spülmittel die beste Waschpaste für die Farbreste an Ihren Händen, Möbeln, Fliesen etc.

Um ihn als Peeling für die Haut zu verwenden, sollte der Schleifstaub nochmals mit dem Mörser fein gerieben werden.

Tipp Nr. 2

Heizen Sie einen passenden Speckstein im Backofen bei ca. 200 °C 20 Minuten auf und sie haben für mehrere Stunden den angenehmsten Ersatz für eine Bettflasche oder einen Fußwärmer.

Tipp Nr. 3

Geben Sie den Speckstein-Schleifstaub in die Blumenerde. Er ist ein gutes Düngemittel, da sein Magnesiumgehalt sehr hoch ist.

Wahrscheinlich haben Sie bereits Specksteine in verschiedenen Farben gesehen. Wichtig zu wissen ist, dass jede Farbe eine mehr oder weniger leichte Beschaffenheit besitzt. Aus diesem Grunde habe ich Ihnen in diesem Buch die Werkzeuge zu jedem Objekt angegeben.

Grundsätzlich ist zu sagen, dass für das bildhauerische Gestalten der weiche Stein aus den südlichen Ländern wie China, Ägypten, Australien, Brasilien oder Ostafrika bestens geeignet ist. Es gibt Funde aus der Schweiz sowie aus Deutschland und Finnland, die für diese Arbeiten meistens zu hart sind. Zudem sind die kleinen Vorkommen größtenteils erschöpft.

Weil roher Speckstein in trockenem Zustand mehr oder weniger weißlich ist, ist es nicht immer leicht, seine eigentliche Farbe zu erkennen. Noch schwieriger ist es, die Struktur im Innern zu erahnen. Hier ein paar kleine Hilfen:

Speckstein Weiß

Löschblattweißer bis reinweißer Stein. Er ist sehr weich. Manchmal ist er leicht hellgrau marmoriert. Er kann mit kleinen Quarzen versetzt sein, die jedoch bei der Bearbeitung nicht stören. Herkunftsland ist Brasilien.

Speckstein Elfenbeinbeige

Teilweise leicht gelblicher Stein. Dieser weist gerne Verhärtungen auf, was immer erhöhte Bruchgefahr bei feineren Arbeiten bedeutet. Herkunftsland ist China.

Speckstein Rosé

Ein gerne mit Kristallen und Verhärtungen durchsetzter, teilweise milchig durchscheinender Stein, der fast immer stark geädert ist. Ansonsten ist er sehr weich und lässt sich leicht bearbeiten. Herkunftsland ist China.

Speckstein Pastell- oder Jadegrün

Ein schieferartiger Stein, der sich sehr gut bearbeiten lässt. Durch die Schichtungen ist eine gewisse Abplatzgefahr einzukalkulieren. Dafür erlaubt er auch mal einen Meißel zum Spalten. Herkunftsländer sind Ägypten, Brasilien, China und Indien.

Speckstein Dunkelgrün

Meistens bläulicher bis türkisfarbener Stein mit weißen Einschlüssen. Dieser ist um einiges härter als die anderen. Herkunftsland ist Finnland.

Speckstein Dunkelgrün gesprenkelt

Lebendig farbiger Stein, interessant gesprenkelt, der meist sehr hart ist. Die Bearbeitung ist fast nur mit Maschinen möglich. Nur selten ist ein etwas weicherer Stein zu finden. Herkunftsland ist die Schweiz.

Speckstein Braun

Ein ausgezeichneter Anfängerstein. Hat gelegentlich grüne oder beige Einfärbungen, nur selten Einschlüsse mit anderen Härtegraden. Er ist rissarm und kompakt. Herkunftsländer sind Brasilien und die USA.

Speckstein Schwarz

Dieser Stein ist meistens härter als hellere Sorten. Er eignet sich wegen der geringen Bruchgefahr für feinste und heikle Arbeiten. Er ist kompakt und auch sehr rissarm. Es gibt unterschiedliche Anthrazit-Töne mit teilweisen weißen Einschlüssen. Herkunftsland ist China.

Die Werkzeuge und ihre Benutzung

Die Werkzeuge der prähistorischen Menschen waren fast alle aus Kiesel- oder Feuerstein gemacht. Die wurden durch langes Reiben und Schmirgeln geformt oder durch Entfernen von Splittern mittels Klopfen.

Ab dem 3. Jahrhundert v. Chr. wurden die Schneidewerkzeuge in Bronze gegossen. Man hat in einem Steinbruch des alten Ägypten Flachmeißel und Bohrer gefunden, die sich für die Bearbeitung von Steinen

Werkzeug zum Zusägen, Trennen und Sägen und für erste Grobarbeiten

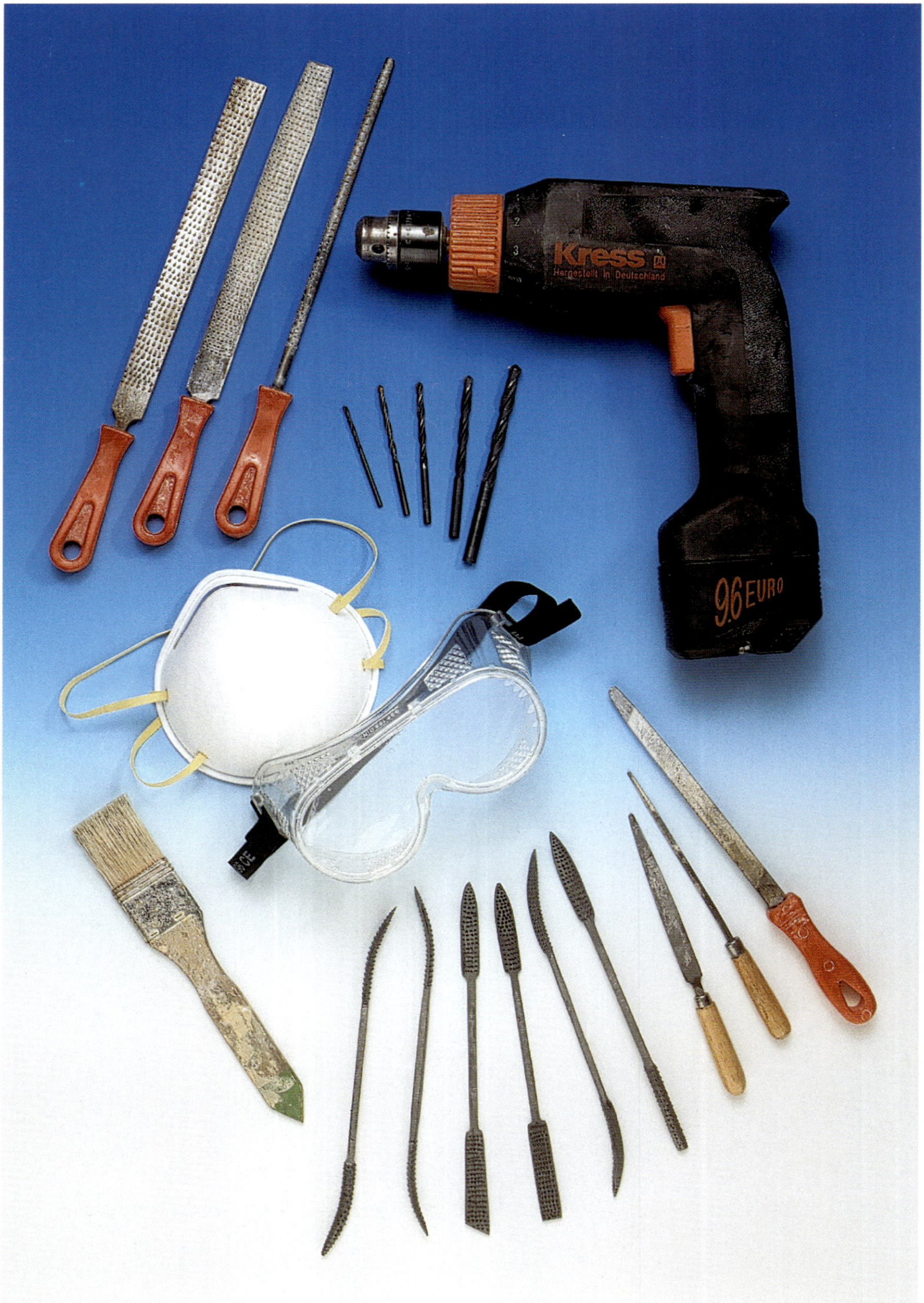

Utensilien und Werkzeuge zum Schutz, Raspeln und Feilen und zum Bohren

mittlerer Härte einsetzen ließen. Für vulkanisches Gestein wie Granit und Basalt waren sie unbrauchbar. Die Grobbearbeitung wurde mit Steinen vorgenommen, die feinere Bearbeitung mit Sand als Schleifmittel und viel Geduld.

Manchmal wurde ein Stein für eine Skulptur gewählt, ohne auf seine Härte zu achten. Nicht immer sieht man die innere Struktur des Steines, und so muss man dann und wann einen Abplatzer hinnehmen. Solche Gegebenheiten vergleiche ich gerne mit dem Alltag des Lebens. Wüsste man immer den Verlauf der vor uns liegenden Zeit, fehlte doch bald das gewisse Etwas, die Herausforderung, Unbekanntes zu ergründen.

Beginnen wir mit der **Grundausstattung** für die Specksteinbearbeitung: Um das Motiv im vorhandenen Stein gut platzieren zu können, braucht der Stein einen guten Standplatz. Dazu benötigt man einen Fuchsschwanz mit einer Sägeblattlänge von mindestens 300–350 mm oder eine Ytongsäge, die ein Sägeblatt mit ca. 3,5 % Wolfram besitzt. Wolfram ist der Edelstahl mit dem höchsten Schmelzpunkt aller Metalle.

Wenn das Sägeblatt dann noch grob gezahnt ist, bricht das Stück bei jeder Hin- und Herbewegung schnell ab.

Für die feineren Sägearbeiten verwendet man eine Metall- oder Bastlersäge. Damit sägt man die etwas kleineren und feineren Einkerbungen. Die Sägeblätter sollten auswechselbar sein.

Mein kleines Geheimnis für glatte Schnitte und schnellen Zuschnitt ist die elektrische Trennscheibe. Mit ihr ist es wegen des Staubs natürlich nicht möglich, in geschlossenen Räumen Steinteile zu trennen. Sie sind im Nu weiß eingepudert. Für dieses Gerät sind auch andere Schleifaufsätze in allen Baumärkten erhältlich. Für die weitere Grobarbeit ist ein Fäustel sowie ein Steinmetzhammer und ein Stechbeitel mit gerader und schräger Schneide wichtig.

Für die Annäherung an das Motiv verwendet man Raspeln und Feilen. Die schneidenden Zonen der Feilen bestehen aus einer gekreuzten Riffelung im Metall, während die Raspeln mit regelmäßigen Zähnen versehen sind.

Sie erhalten im Handel halbrunde oder runde Ausführungen, rechteckige oder dreikantige, messer-, löffel-, zungen- oder linsenförmige Ausführungen. Ob Holz- oder Kunststoffgriffe, ob kurze oder lange Stiele bleibt Ihnen überlassen. Das Werkzeug muss Ihnen nur gut in der Hand liegen.

Für die Aushöhlungen und Vertiefungen, zum Beispiel bei Schalen oder Skulpturen, eignet sich ein Hohleisen oder Raspelringe mit verschiedenen Durchmessern.

Durchbrüche aber macht man mit einer Bohrmaschine. Je nach Steinhärte genügen Holz- oder Steinbohraufsätze.

Für große Durchbrüche (Uhrgehäuse oder Kerzenhalter) verwendet man einen sehr dicken Bohrereinsatz (ca. 18 mm) oder sogar einen Bohrring, der Öffnungen sauber heraustrennt.

Utensilien und Werkzeuge zum Herstellen des Standes, zum Schnitzen und für Feinschliff und Politur.

Achten Sie bitte darauf, dass Sie den Schleifstaub nie pusten, sondern mit einem weichen Staubpinsel vom Stein oder den Werkzeugen fegen. Eine kleine Schuh- oder weiche Zahnbürste tut hier gute Dienste. Und denken Sie daran, dass dieser Staub oder die Reste – wie bereits beschrieben – weitere Verwendungsmöglichkeiten haben können.

Es ist ratsam, eine Schutzmaske vor Mund und Nase zu tragen, um während der Steinbearbeitung keine Mineralstäube einzuatmen. Gesundheitlich ist Speckstein ansonsten unbedenklich. Die Schutzbrille ist in jedem Fall angebracht, denn es werden bei den Arbeiten oft kleine, sehr scharfe oder spitze Steinsplitter in alle Richtungen weggeschleudert.

Zum Schnitzen und Konturieren nimmt man ausgediente Küchenmesser, Hohleisen oder Stichel sowie auch ein Linolschnitzwerkzeug. Dies hat einen kurzen rundlichen Griff und mehrere Schnitzeinsätze.

Ist fliegender Staub kein Problem, kann man ein kleines elektrisches Minischleifgerät mit Konturieraufsatz verwenden. Aber Schutzbrille und Staubmaske nicht vergessen!

Danach sind die Feinheiten heraus zu polieren und zu schmirgeln. Schmirgelpapier mit der Körnung 60 oder später bis Körnung 400 machen die Specksteinoberflächen im gewünschten Maße glatt. Für die letzten Schleifvorgänge benötigt man Nassschleifpapier, das außerdem länger haltbar ist. Dieses Schleifpapier gibt es bis Körnung 1000. Stattdessen verwende ich auch gerne Stahlwolle, die es bis zur Stärke 000 gibt.

Stahlwolle muss man jedoch immer trocken aufbewahren, da sie sehr schnell rostig wird. Das elektrische Minischleifgerät hat auch dafür Aufsätze aus Messingstahlwolle für Polierarbeiten.

Polieren kann man mit dem handelsüblichen Steinpolierbalsam, mit Lärchenharzbalsam, Bienenwachs oder billiger mit farbloser Schuhcreme oder neutralem Bohnerhartwachs. Ein weiches Tuch vereinfacht die Arbeit.

Eule

Im alten Ägypten hatte die Eule eine religiöse Bedeutung und galt als Totenvogel. Im alten Griechenland diente sie der Athene als Symboltier. Deshalb verwendeten spätere Jahrhunderte die Eule als Sinnbild der Weisheit. Die Münzen Athens trugen die Eule als Wappenbild. Daher das Sprichwort: Eulen nach Athen tragen, was bedeutet, Überflüssiges tun. Daneben galt die Eule vom Altertum bis in die heutige Zeit fast überall als unheimlich.

Nun zu diesem Stein, der zweifarbig ist und beim Kauf schon eine dreieckige, aber lang gezogene Form hatte. Seine Länge ließ an Schachfiguren denken. Mindestens 4–6 Stück könnten daraus entstehen. Aber die Struktur und Farbe des Steins suggerierten eine Eule in schlichter, gerader Form. Ein beigeweißer Streifen quer durch das Dreieck weist darauf hin, dass vorerst nur wenige Arbeitsschritte notwendig sind:

Zuerst ist die Bearbeitung der Standfläche wichtig. Da der Stein zu lang ist, sägt man ca. 2 cm vom Ganzen ab. Das Federkleid der Eule ist jetzt gut erkennbar. Den dunklen Teil des Specksteines braucht man für den festen Stand der Eule und markiert die genauen Umrisse.

Gerade Linien bestimmen die Form des Tieres. Deshalb trennt man das Grün 1 cm tief vom beigeweißen Teil ab und gleicht danach den Stein für einen geraden Stand der Figur an.

An der Standfläche entfernt man noch ein kleines Dreieck, damit das Federtier nicht zu kompakt wirkt. Eine leicht gefährliche Angelegenheit, da die hellen Steinteile schichtig strukturiert sind und leicht ab-

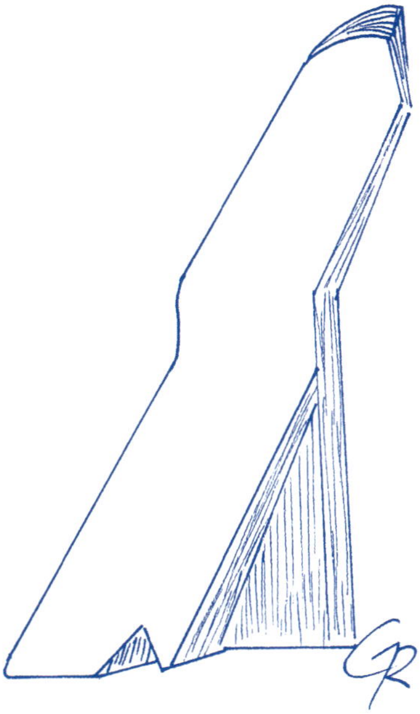

platzen können. Damit der Körper etwas schlanker wirkt, verlängert man das hintere Kopfende um 0,5 cm und entfernt auch die gleiche Menge des hinteren Federkleides.
Ein schlafendes Auge bietet die Steinstruktur an. Mit einem stumpfen Messer schnitzt man es noch etwas frei und gleiche die Steinstruktur dem Federkleid an.

Endarbeiten:
Das Federkleid sollte die natürliche Steinstruktur behalten. Die geraden Schnittkanten bleiben kantig und werden ganz glatt geschliffen, so auch der grüne Teil der Skulptur. Dieser Teil bietet sich sogar für eine kleine Widmung oder Signatur an.

Falter

Wiederum liegt der Skulptur ein fast dreieckiger grüner Stein zugrunde, der am rechten Ende dünn zuläuft. Eine Metamorphose tut sich auf, Flügel werden sichtbar. Der Rumpf bleibt als Säule senkrecht stehen. Der Stein wird für den festen Stand an der Unterseite kräftig geschliffen. Danach wird die Dicke des Rumpfes bzw. der Säule bestimmt und mit der feinen Säge genaue Kanten gesägt. Dies auf allen Seiten. Sollten Sie eine elektrische Trennscheibe besitzen, dann verwenden Sie diese.
Damit die Flügel den fliegenden Charakter erhalten, skizziert man zuerst Ansatz und Einkerbungen.
Aus dem Flügelansatz am unteren Teil des Rumpfes wird ein Dreieck herausgesägt. Somit erhält der Flügel etwas Leichtigkeit. Die Trennlinie zwischen Rumpf und Flügel schneidet man 0,5 cm tief ein und legt so

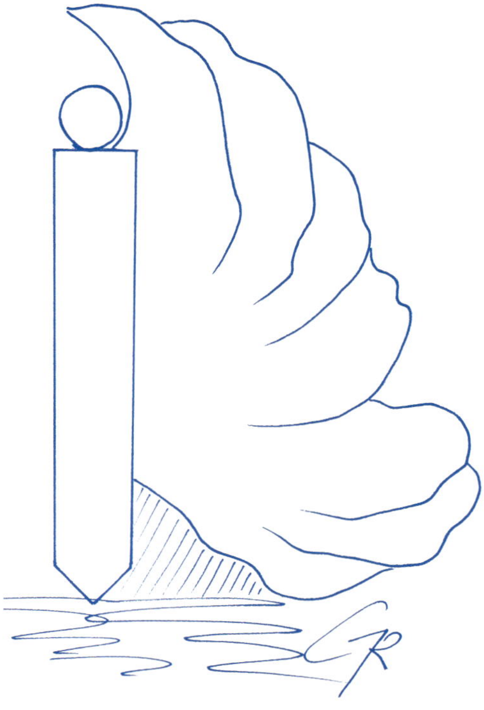

den Rumpf als kantige Säule frei. Den Flügelansatz schleift man nun passend zu.
Mit den vorskizzierten Linien der Flügel verfährt man ebenso. Man schneidet mit dem Linolschneidemesser an der Markierung entlang und gleicht deren Kanten weich nach.
Jetzt ist es möglich, dem Flügelteil am Ende etwas Bewegung nach vorn oder hinten zuzuschleifen. Die kleine runde Kugel als Kopf trennt man bestmöglich von den angrenzenden Flügeln. Der Falter möchte schon gerne losfliegen, denn der grobe Zuschnitt ist fertig.

Die Feinarbeit:

Der Rumpf soll ein säulenartiges Aussehen bekommen und wird deshalb an allen Seiten zugefeilt und ganz glatt geschliffen. Danach kontrolliert man den senkrechten Stand des Rumpfes und schleift den Boden des Flügels etwas nach.
Die Einkerbungen der Flügel werden etwas ausgearbeitet und der Schwung verstärkt. Die Oberfläche soll Struktur behalten. Deshalb werden die Schleifstellen der natürlichen Steinoberfläche angepasst.
Vergessen Sie nicht, Ihr Signum einzugravieren, denn was ist ein Kunstwerk ohne den Künstler wert? Es ist Platz auf der Standfläche des Flügels oder an einer der Schrägkanten des Rumpfes.

Mohnkapsel

Daran hängt eine kleine Geschichte: Bei einem Urlaubsaufenthalt auf einer Insel im Süden entdeckte ich rosafarbene Mohnblumen. Ein Traum, denn für mich war Klatschmohn immer rot. Ich sammelte die abgeblühten Kapseln, um die Samen für ein Blumenbeet zu Hause zu sammeln. Im kommenden Jahr hatte ich eine rosa blühende gefüllte Mohn-Blumenschale. Nicht nur meine Mutter war begeistert. So bekam auch sie genügend Samen, um in ihrem Garten ein kleines Feld dafür anzulegen. Das ein Jahr später blühende Mohnblumenbeet wurde mehrfach fotografiert. Das Mohnfeld gibt es nicht mehr, aber Fotos von wunderschönen rosafarbenen Mohnblüten.

Heute weiß ich, dass die Gattung der Mohngewächse mit rund 100 Arten fast ausschließlich in den gemäßigten Gebieten der Nordhalbkugel wächst. Es sind einjährige Kräuter und Stauden mit roten, violetten, gelben oder weißen Blüten und kugeligen, eiförmigen oder länglichen Kapselfrüchten. Der Schlafmohn, mit blaugrün bereiften Blättern und weißen bis violetten Blüten stammt von der Südküste des Schwarzen Meeres. Schon um 900 v. Chr. war er in Griechenland bekannt. In Pfahl-

bauten des Alpenvorlandes wurden Samen des Schlafmohns gefunden. Bei den alten Ägyptern und bei den Griechen, bis zum 17. Jh. sogar auch bei den Chinesen sowie bis Anfang des 19. Jh. in Deutschland, war der Schlafmohn als Schlaf- und Schmerzmittel, zunächst nicht als Opium, bekannt und verbreitet.

Der Stein hat schon die Grundform für eine Mohnkapsel. Für den Stand sägt man eine größere Endspitze ab. Die Kapsel hat oben eine flache kronenartige Oberfläche. Darum muss auch da eine Spitze abgesägt werden. Die schönen Endstücke werden z.B. ein Serviettenring und auch das „Ruhende Blatt“ wird daraus entstehen.

Mit der Bohrmaschine entfernt man den markierten inneren Teil. Erst dann stellte ich fest, dass dieser Speckstein wohl wunderbar weich war, aber viele Schichten aufwies. So war es unumgänglich, dass die Öffnung der Kapsel größer als gedacht wurde.

In die äußere Form schneidet man etwas mehr Bewegung und glättet gleich nach. Auf diese Weise kann man die abplatzgefährlichen Stellen gleich erkennen und vorsichtig zu Ende schleifen. Obwohl dieses Projekt erst einfach ausgesehen hat, sind doch interessante Herausforderungen zu bewältigen. Durch die Größe der Kapselöffnung kann der Feinschliff mit allen dafür verfügbaren Mitteln gemacht werden. Zuerst mit der Halbrundfeile, dann diese umwickelt mit unterschiedlicher Körnung von Schleifpapier. Zum Schluss jedoch mit feinstem Nassschleifpapier und Polierpaste.

Die Kapselkrone bekommt noch etwas Feinschliff und Nacharbeit in den Rillen.

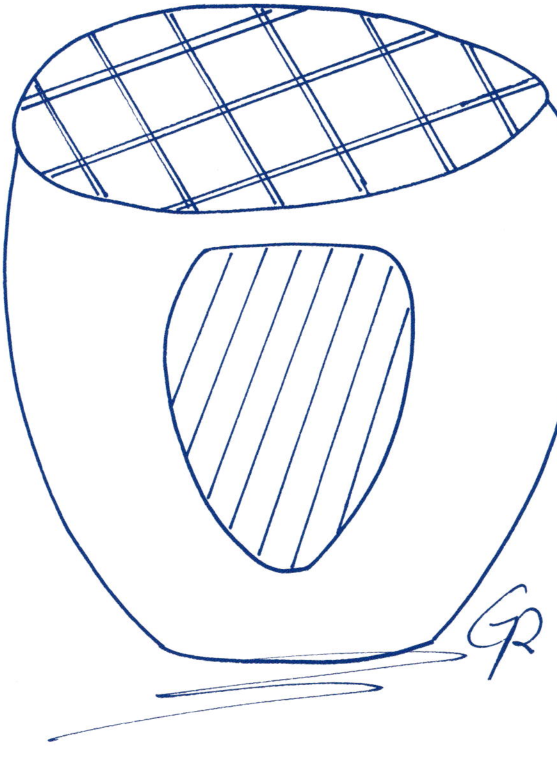

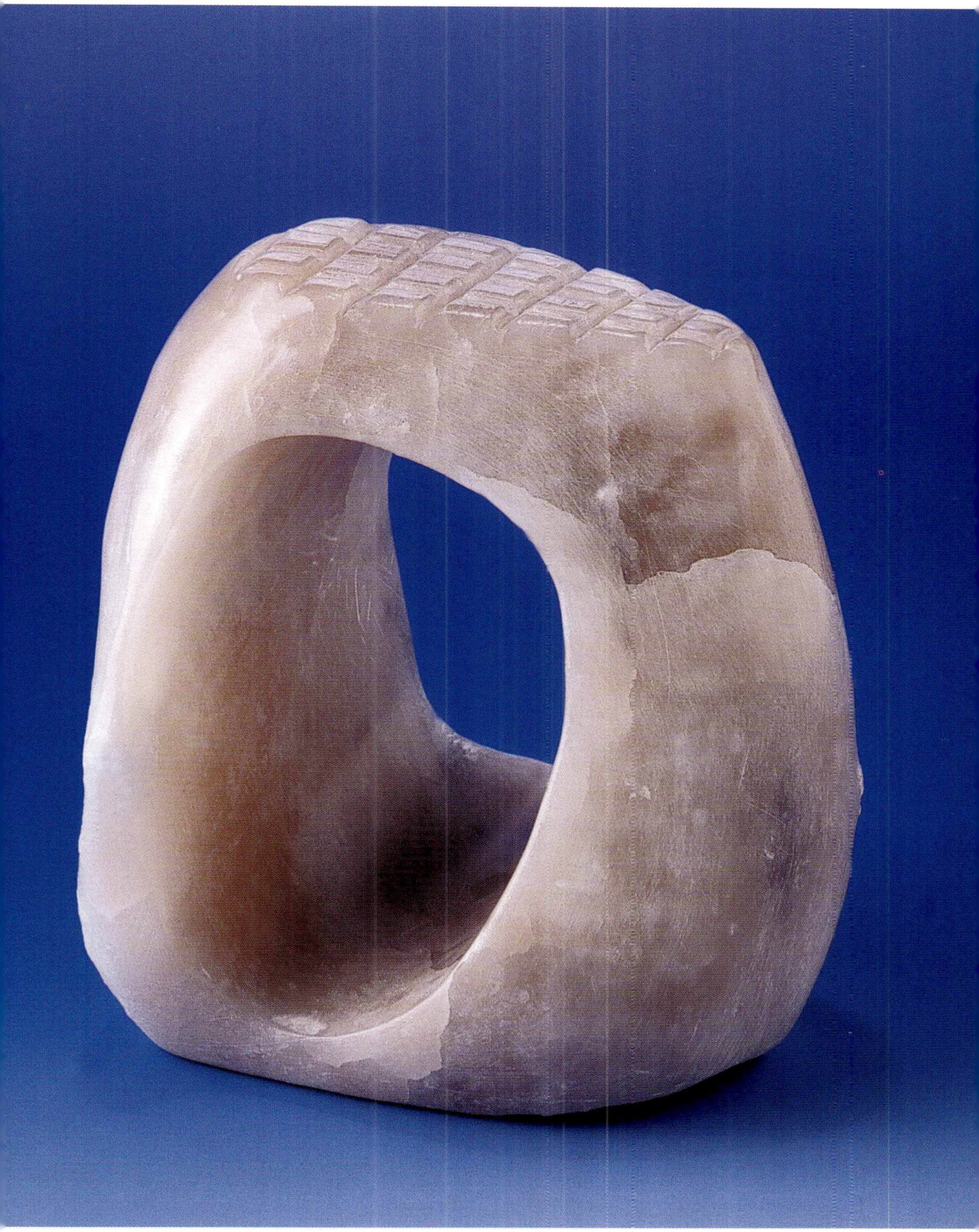

Ruhendes Blatt

Ein erstes Herbstblatt wehte zu meiner Eingangstür herein und lag neben meinen kleineren Reststeinen. Ein Blatt war einem Stein so ähnlich, dass es nicht vieler Schritte bedurft, aus ihm ein Blatt zu schnitzen. Da der weißrosa Speckstein auch noch wunderbar weich ist, habe ich beschlossen, ihn auf der Unterseite etwas auszuhöhlen, damit er an Leichtigkeit gewinnt.

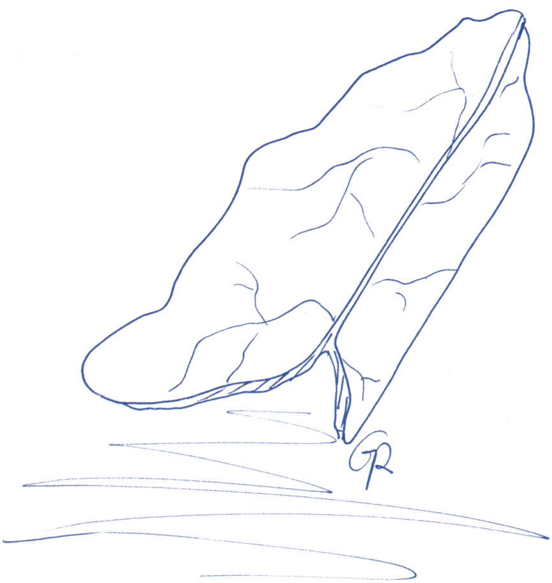

Außerdem kann er umgedreht zur kleinen Schale für ein Kaffeegebäck oder einer Gästeseife dienen. Aus diesem Grunde gleicht man die Steinstruktur auf der Oberseite einem Blatt an. Dafür wurde hier das Linolschnitzwerkzeug verwendet. Mit feiner Stahlwolle beschleift man noch die ganze Oberfläche, damit die Maserungen weicher wirken. Die Unterseite des „Blattes" wird zuerst mit der kleinen Rundraspel ausgehöhlt. Damit der etwas weiche Stein nicht bricht, bearbeitetet man ihn von da an nur aus der flachen Hand. Die Innenseite soll ja glatt geschliffen sein. Deshalb bearbeitet man die ganze Fläche mit der großen Raspel und danach mit Schleifpapier. Am Ende verwendet man noch das feinste Schleifpapier, damit der Kontrast zur Oberfläche groß genug wurde. An einigen Stellen kommt poröses und loses Gestein zum Vorschein. Eine „alternde" Stelle im Blatt eben, da sie nicht zu glätten ist.

Königin der Nacht

Dieser Speckstein hatte schon eine längs geschnittene Fuge. Beim Drehen und Wenden blieb er immer wieder in der stehenden Position. Da zufällig noch eine Königin der Nacht in unmittelbarer Umgebung eine Knospe zur Entfaltung vorbereitete, war die Idee geboren.

Dies ist eine säulig wachsende Kakteenart, deren Triebe fünf- bis siebenkantig eine Dicke bis 10 cm haben können. Die Blüte ist meist nur eine Nacht lang geöffnet und wird bis zu 30 cm lang. Sie hat einen lachsfarbenen Kelch und weiße Blumenkronblättern. Traumhaft schön. Und alles für nur eine Nacht. Bei diesem Stein wird die Blüte dem vorhandenen Stein angepasst.

Für den festen Stand sägt man mit dem Fuchsschwanz eine große Spitze so ab, dass der Stein senkrecht stehen bleibt. Auch auf einer Seite muss eine Steinspitze abgesägt werden. Gleich senkrecht natürlich, da somit schon eine Senkrechtfuge mehr geschnitten ist.

Die schon vorhandene Kante verwendet

man, um parallel dazu noch mehr Längsschnitte mit der Feinsäge zu schneiden. Besitzt man eine elektrische Minitrennscheibe, spart man sich damit viel Zeit. Die Oberkanten sollten noch eine Dicke von etwa 0,5 cm haben. Darauf schneidet man später kleine Stachelspitzen.

Die Steinspitze lässt noch eine mehrblättrige Blüte zu. Dem Kakteenstamm sägt man am oberen Viertel eine Wölbung zu, aber nur so weit, dass der Reststein für die Blüte ausreichend ist.

Achtung: Die Blütenkrone sollte zugunsten der Stabilität doch mindestens zu einem Drittel des gesamten Steindurchmessers Verbindung zum Korpus behalten. Es gibt dafür genug Kanten, um Blätterspitzen aufzuzeichnen. Mit der kleinen elektrischen Trennscheibe schneidet man die ersten Blütenblätter zu. Für das Unterhöhlen verwendet man das Linolmesser. Auf diese Weise wird jedes geeignete Steinstückchen zum Blütenblatt zugeschnitten.

Es gibt nur wenige Kakteensorten, die keine Stacheln haben. Die Königin der Nacht hat auf den Kanten in fast genauen Abständen Stachelspitzen. Man sollte diese auch auf die Kanten schnitzen und ausarbeiten.

Am Schluss sind die Fugen und Kanten sauber zu feilen und glatt zu schleifen. Die Blütenblätter sollte man trotz ihrer Empfindlichkeit so fein wie möglich ausarbeiten. Sie sollten mehr als eine Nacht blühen dürfen.

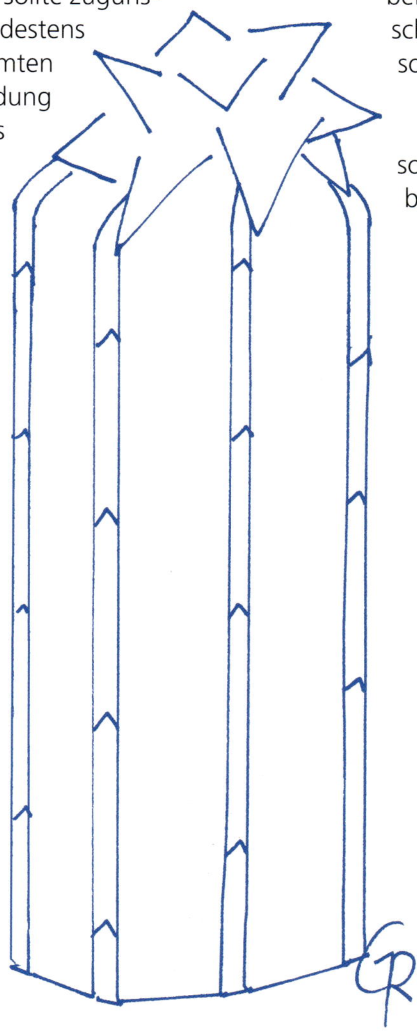

Wasserträgerin

Der frz. Maler, Zeichner und Bildhauer Henry Matisse wandte sich 1869 der Malerei zu und überwand – besonders von Paul Cézanne angeregt – den Impressionismus seiner Frühzeit. Er entwickelte unter Einfluss der Neoimpressionisten um 1905 die Grundlagen seines Stils, indem er leuchtende und reine Farbflächen in scharfer Abgrenzung gegeneinander stellte. Seine Figuren-Kompositionen stellen u. a. nackte oder bekleidete Frauengestalten dar. Im Gegensatz zu P. Picasso und den Kubisten war für ihn nicht in erster Linie der Bildaufbau Konzept, sondern die Farbe. 1920 reduzierte Matisse noch mehr. Der flächig farbige Stil ließ Wandmalereien entstehen. 1930–34 entstanden einfarbige Flächen aus Papier ausgeschnitten und aneinander geklebt. Nach 1941 schuf er reine Scherenschnittcollagen. So entstand meine Idee, seinen 1953 hergestellten Scherenschnitt „Femme á l'Àmphore et Grenades" mit dem Namen „Wasserträgerin" in Speckstein zu verwandeln.

Die lang gezogene Skulptur ist auf dem vorgesehenen beigen Speckstein gut zu platzieren. Die Standseite sägt man so zu, dass die Figur die größtmögliche Größe bekommen kann. Den Körper der Frau gestaltet man passend zur Steingröße. Den Kopf verbindet man wegen der Stabilität mit dem Wassergefäß.

Mit der elektrischen Trennscheibe entfernt man zuerst die überflüssigen Teile des Steines. Danach kommt der grobe Schliff mit der Raspel, damit die genauere Form sichtbar wird. Jetzt erst sollte man mit der Bohrmaschine die Durchbrüche zwischen Armen und Kopf öffnen.

Mit der kleinen Halbrundraspel erarbeitet man danach die Form fertig. Damit ist die einzige große Risikostelle geschafft. Nun ist der Feinschliff der gesamten Grundform an der Reihe. Der feinste Schleifschwamm und anschließend Wasserschleifpapier übernehmen diese Arbeit.

Die gleichmäßige Struktur des unteren Körperteiles bleibt in ihrer Form kantig. Alle anderen Rundungen und Flächen werden mit feinstem Wasserschleifpapier geglättet. Der Stein zeigt weißbeige Schichtungen, die unter Umständen etwas gefährlich hätten werden können. Aber alles ist gut gegangen!

Paarung

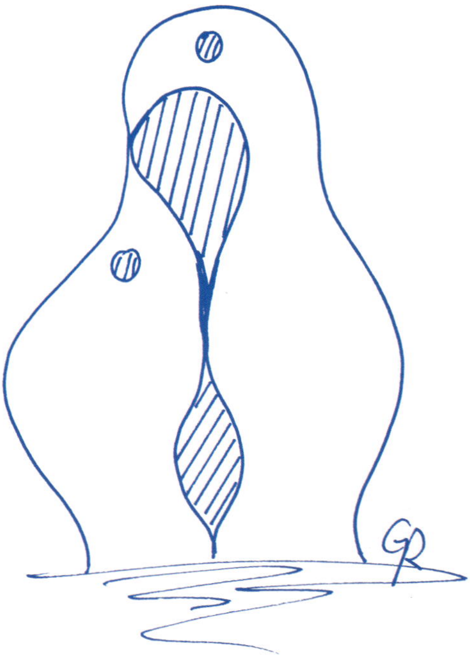

Für dieses Motiv suchte ich ursprünglich einen längeren Stein. Jedoch fand ich diesen fast reinweißen, weichen Speckstein, der bestens dazu geeignet schien.
Die Bodenplatte sägt man zuerst zu. Danach kann man das Motiv aufzeichnen und die Durchbrüche markieren.
Mit der großen Raspel und der kleinen Trennscheibe entfernt man unbrauchbaren Stein und schleift etwas nach.
Mit der Bohrmaschine werden die reservierten Stellen mit 2–3 Bohrlöchern geöffnet. Dabei bleibt die Figurengruppe als ein Ganzes stehen und erhält Verbindungsstege. Die Augen werden mit einem 8er-Bohrer geöffnet.
Die äußere Form weist noch einige Kanten auf. Mit der elektrischen Trennscheibe sind diese schnell entfernt. Nun arbeitet man mit Raspeln und grobem Schleifpapier auf die weiche Grundform hin.
Auch wird das Sockelteil der kleinen Figur verändert und die große Figur etwas weiter in den Hintergrund geschnitten. So wirkt die Gruppe etwas lebendiger.
Der Feinschliff mit feinstem Nassschleifpapier sorgt für Glanz und eine seidenweiche Oberfläche.

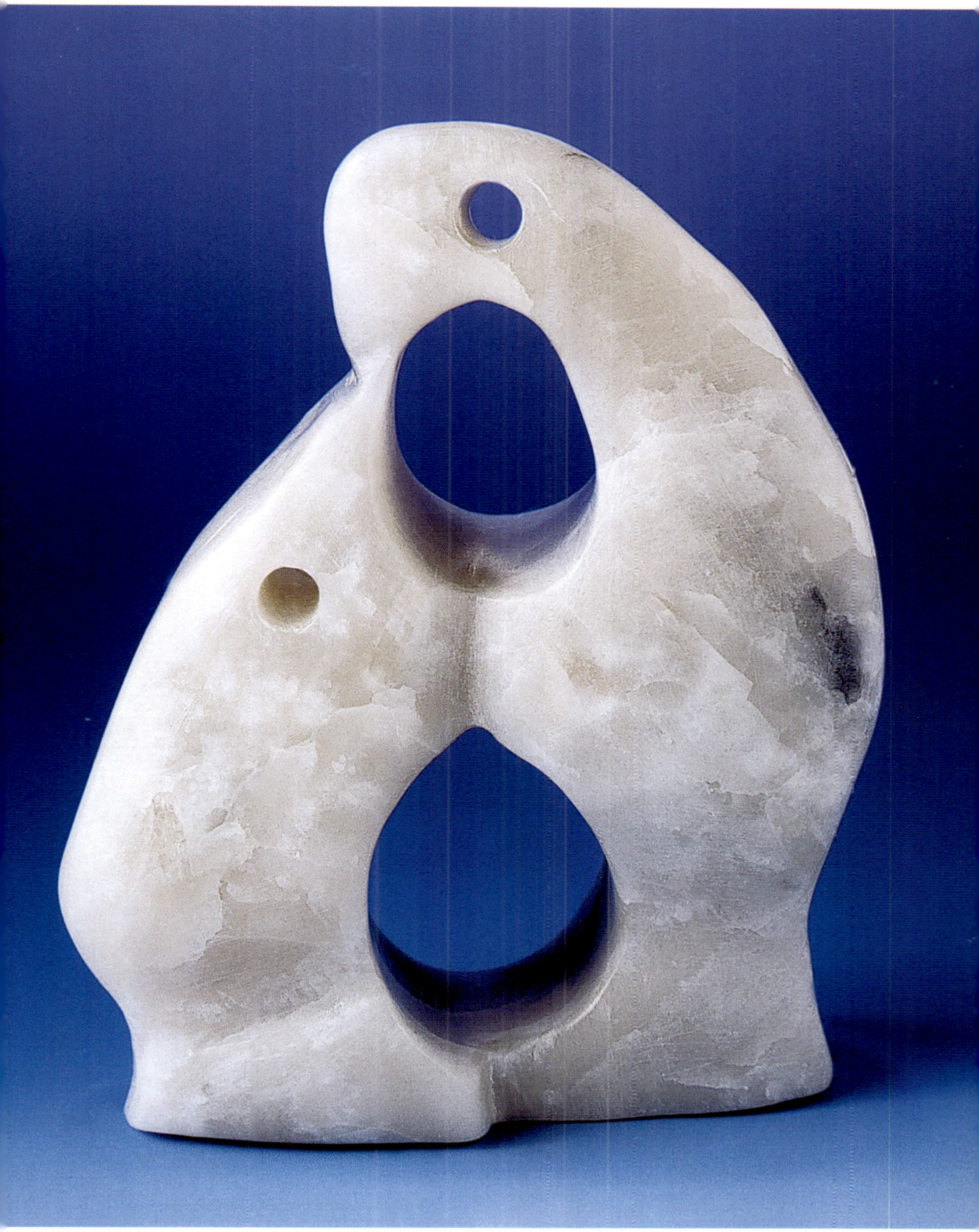

Mutter mit Kind

Mein großes Idol Hans Arp war ein Schriftsteller, Maler und einer der wichtigsten Bildhauer des 20. Jahrhunderts. Ab 1930 schuf er zunehmend Freiskulpturen aus Marmor oder Bronze, die organische Wachstumsformen ohne naturalistischen Anklang zeigen. Eine seiner Frauenskulpturen von 1938 hat mich inspiriert, den braungrün gesprenkelten, dicken Speckstein dazu zu verwenden. Durch den Vorsprung an der oberen Steinhälfte war zusätzlich ein kleines Kind möglich.

Nach dem Zusägen der Bodenplatte wurde klar, dass viel Arbeit und Schweiß für diesen harten Speckstein notwendig sein würden. Der Vorsprung in der oberen Steinhälfte wird etwas verkleinert, da sich das Baby sonst vom Gesamtvolumen der Frauenfigur zu sehr abheben würde. Nun legt man mit der kleinen Trennscheibe die grobe äußere Form fest. Die große Raspel sorgt für die Erkennung der weiblichen Rundungen. Danach arbeitet man noch einmal die Konturen mit einer Dreikantraspel oder dem 3-kantig zulaufenden Linolschnitzmesser nach.

Die ganzen Oberflächen werden nun glatt geschliffen und zuletzt mit dem feinsten Nachschleifpapier „poliert".

Liliendame

Miguel Covarrubias hat Georgia O'Keeffe 1929 mit einer Lilie in der Hand für die Zeitschrift New Yorker Magazine Incorporated dargestellt. Ihre graziöse Schönheit hat mich gereizt in Speckstein umzusetzen.

Einen weißen Stein fand ich bald dazu. Beim Aufzeichnen bemerkte ich schnell, dass der Kopf der Dame, oder wenigstens der Hinterkopf, neben der Lilienblüte keinen Platz mehr haben würde. So entwarf ich den Körper der Dame etwas taillierter und nützte die Steinlängen ganz aus.

Zuerst muss die Standfläche zugesägt werden. Dieser Stein ist sehr weich. Auch passt er perfekt zum Thema „weiße Lilie". Nun muss man hoffen, dass er auch so fein zu bearbeiten ist, wie die Blütenoberfläche es verlangt. Die Frontansicht ist gleich zu erkennen. So sind die zwei „Körperschrägen" mit dem Fuchsschwanz zuzusägen. Die Ausbuchtung für die Blütenblätter skizziert man zuerst mit einem Edding.

Bevor man sich für weitere Konturen entscheidet, sollte man zuerst die Grundform der Blüte zusägen. Dadurch entsteht eine Freilegung der Körperform. Durch die Wölbung des Steines vorn wird der Stiel der Blüte zum Teil des Kleidungsstückes. Die rechte Seite der Blüte bzw. des Stieles wird konkretisiert, indem man ein Stück heraussägt.

Bevor man sich an die Blüte begibt, sollte der Torso der Dame neu kreiert werden. Die Steinmasse neben dem vorentworfenen Stiel der Blüte zeigt verschiedene Möglichkeiten. In diesem Fall bietet es sich an, einen

angepassten Kragenaufschlag anzufeilen und die Schräge zur Blüte hin vollständig zu glätten. Dazu verhilft die Rundraspel sowie Schleifpapier von unterschiedlicher Körnung. Die letzten Feinheiten jedoch bleiben für die Endarbeit stehen.

Die Blüteninnenseite skizziert man leicht vor und kratzt vorsichtig eine Vertiefung zwischen die beiden Blütenseiten. So werden die Vertiefungen immer mehr geglättet, wobei die Führung der Blattkanten rustikal bleibt. Auch die Jackenoberfläche soll eine andere Struktur haben dürfen, soll sich aber dennoch abheben von der glatten Auswuchtung der Skulptur.

Am Ende bleibt nur noch die Konkretisierung der Grundform mit der Trennscheibe, der kleinen Nacharbeit sowie der Bearbeitung der spiegelglatten speziellen Teilstücke. Gründliche Reinigung und Nacharbeit mit Politur sorgen für die Ausstrahlung der traumhaft stolzen, steinernen Lady.

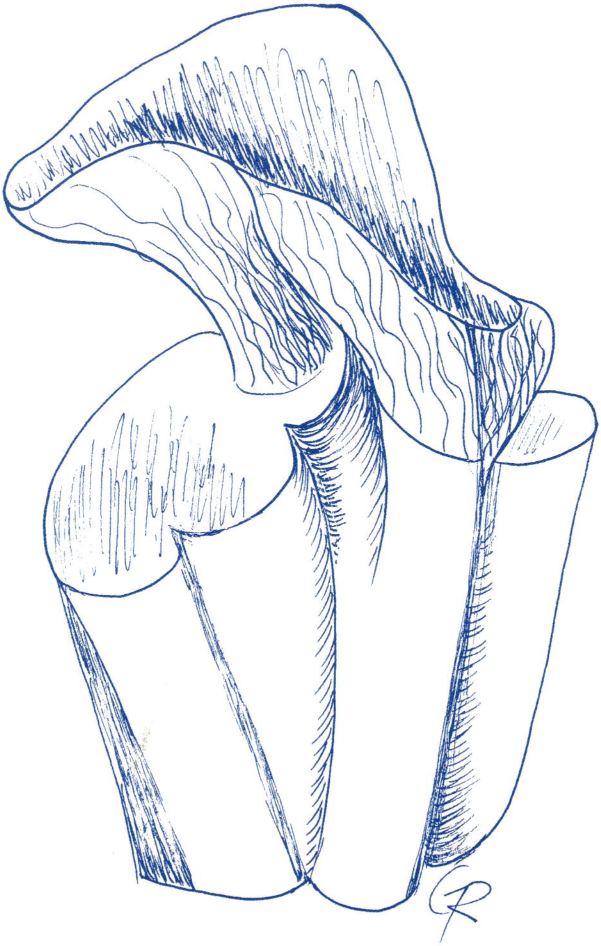

Steinbock

Wo immer Max Ernst sich seit 1944 niederließ, umgab er sich mit Mauerreliefs und Figuren, die Mischwesen zwischen Pflanzen, Tier und Mensch darstellen. Sie fügen der surrealistischen Welt metamorpher Übergänge eine neue groteske Spezies hinzu. Die größte, komplexeste dieser Skulpturen ist der Betonguß „Capricorne" oder Steinbock, den Max Ernst 1948 vor seinem Haus als Familienporträt stellte. Daneben noch seine Frau Dorothea Tanning mit den beiden Zottelhunden, der Mann als herrscherlich thronender Steinbock, die Frau als grazil gelängtes Nixenwesen mit fischartigem Kopfputz.
Diese männliche Figur reizte mich, in einen Stein zu schlagen: Steinböcke, die doch als Charaktermerkmal „Hörner tragen" und gerne durch die Wand gehen, ohne eine Wand zuzugeben.

Um die gerade Form bestmöglich zu erhalten, schneidet man alle markierten Konturen mit der kleinen Diamant-Trennscheibe an. Die großen Teile zwischen Hörnern und Korpus sind mit der Eisensäge bzw. der Ministichsäge bald entfernt. Der dafür ausgesuchte Speckstein ist hier weißbeige, also nicht allzu hart und leicht zu bearbeiten.
Die Frontseiten der geraden Flächen sind makellos strukturiert. Deshalb sollte man alles tun, diese so zu belassen. Das untere Sockelstück sowie das Zwischenstück zwischen Kopf und Körper sollen ganz glatt werden und deren Ebene etwas vertieft erscheinen. Die Oberfläche des Kopfes mit den Hörnern suggerieren, auch sie so zu belassen. Damit sich aber die Hörner vom Kopf etwas abheben, trennt man mit der Trennscheibe ein Teilstück nur wenig an und schleift diese Stelle ganz glatt heraus

Der glatte Sockel bietet sich an für einen Spruch oder einer Widmung. Diese können Sie mit einem Glasgravierendstück in die Fläche schreiben. Ein Unikat, das später sicher nicht im Keller deponiert wird.

Achtung: Der Stein zeigt einige Schichtungen und ist somit für Absplitterungen besonders anfällig. In diesem Fall arbeitet man alle zu verändernden Flächen gleichmäßig glatt und poliert sie mit feinstem Schleifpapier oder Polierschwamm nach.

Mein Tipp:
Nie all zu lange an einer Stelle arbeiten bzw. schleifen. Durch das Festhalten der Skulptur entstehen Spannungen, die bei brüchigem Gestein zum Abplatzen von Splittern führen. Besser ist es, den Stein schrittweise von allen Seiten zu bearbeiten.

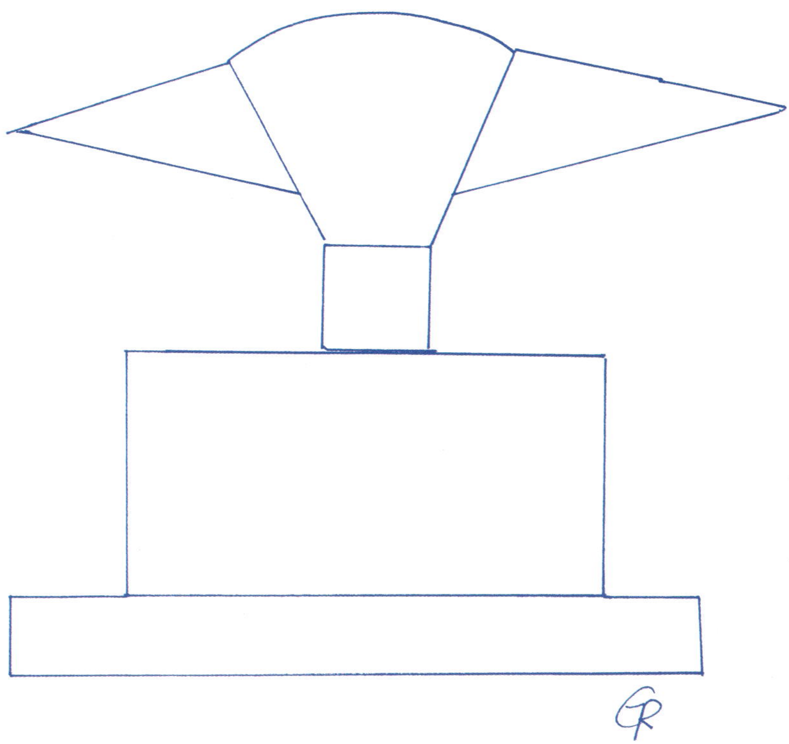

Blatt im Wind

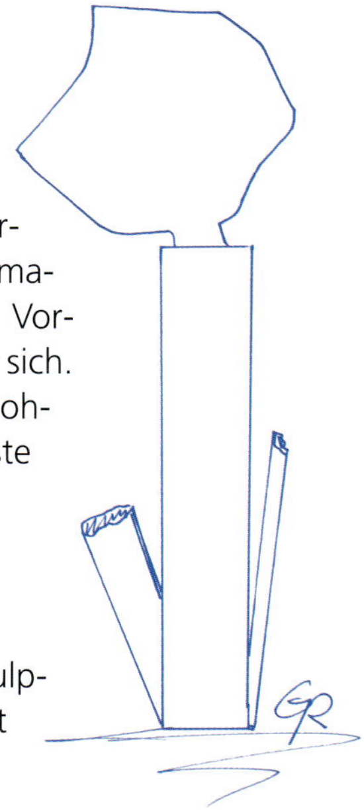

Den langen schmalen Speckstein wollte ich erst zu einem Baum schnitzen. Am oberen Ende sah ich eine Baumkrone, die ein Blatt gab. Ernst Ludwig Kirchner hat 1920 einen Holzschnitt hergestellt, der mir für den Entwurf behilflich war.

Für den Stand muss genau zur Senkrechten des Stammes gesägt werden, denn ein unfester Stand wäre das Ende für diesen harten und leicht brechbaren dunklen Stein.

Mit der Trennscheibe löst man die überschüssigen Steinreste vom Stamm und beginnt dann mit der Feinarbeit mit dem Schleifpapier. Das Blatt soll einen ungeschliffenen Charakter erhalten, der Stamm selbst nur eine glattgeschliffene „Rinde". Die wunderschöne dunkle Steinmaserung kommt zum Vorschein und wirkt für sich. Die Frontseite bleibt ohne Feinschliff. Die Äste sind nachzuarbeiten und erhalten an den Schnittkanten den gleichen Feinschliff.

Das Leben dieser Skulptur wird sich im Blatt widerspiegeln.

Ananas – Frucht des Südens

Dieser Stein hatte beim Erwerb schon die Mantelstruktur eines kubistischen Motivs. Aufrecht stehend war er für mich zuerst ein Blatt der Feigenkaktee. Entschlossen habe ich mich aber für die Form der Ananas, da doch der Durchmesser für ein Kakteenblatt zu groß war. Außerdem entdeckte ich schichtige Strukturen, die für ein Glätten nicht sehr geeignet waren, weil leicht etwas abplatzen kann.
Zuerst trennt man für die Standfläche mit dem Fuchsschwanz eine größere Spitze vom Hauptteil ab. Dadurch steht das Objekt aufrecht. Der schieferartige Stein, jedoch pastell-jadegrün, zeigt viele Schichtungen, die beim Zuschnitzen gerne abspalten. Darum sollte man sich für die Bearbeitung nur der vorhandenen Kanten bzw. der Schuppen entscheiden.

Wichtig:
Jede Kante zuerst betrachten, dann mit der kleinen Eisensäge oder der elektrischen Trennscheibe in Form sägen. Ist eine zu große Stelle flach und ohne Kantenspitze, hilft man sich mit dem scharfen Schnitzmesser nach und schneidet neue Steinkanten hinein. Immer wieder sollte das ganze Objekt mit dem Pinsel gesäubert werden.

Zur Standfläche hin feilt man dem Stein noch etwas ovale Form an und entscheidet sich für die Krone einer Ananas. Steinmasse steht genug zur Verfügung.
Mit einem Edding skizziert man einige Spitzen, trennt diese mit der Trennscheibe etwa zur Hälfte an und entfernt mit dem Schnitzmesser den Rest Stein bis zu jeder weiteren Blattspitze.
Ausgearbeitet und geglättet werden nur die Schnittkanten. Alle Oberflächen werden der Steinstruktur angeglichen. Bei mir zuhause dient diese Skulptur als Buchstütze im Regal. Ein wahres Prachtstück.

Prinz Eugen – Der Froschkönig

Ein Märchen der Brüder Grimm mit Erlösungsmotiv: Gegen das Gelöbnis, mit ihm Tisch und Bett zu teilen, holt ein in einen Frosch verwünschter Prinz einer Königstochter ihre goldene Kugel aus einem Brunnen. Sie vergisst ihr Versprechen, empfängt ihn widerwillig und wirft ihn schließlich an die Wand, wodurch er erlöst wird.

Der in anderen Varianten noch erkennbare erotische Zug des Froschmärchens wurde von W. Grimm getilgt. Der außer in Deutschland, vor allem in Nord- und Osteuropa verbreitete Frosch hat im 19. und besonders im 20. Jahrhundert zu zahlreichen literarischen Bearbeitungen, z. T. parodistischer Art, angeregt.

Einen traumhaften Speckstein habe ich für diesen „Prinzen" ausgesucht. Sein größtenteils sehr dunkles Grün ist durchgehend mehrfarbig gestreift. Seine „Haut" ist deshalb nicht immer leicht zu bearbeiten, da verschiedene Steinschichtungen auch verschiedene Härtegrade aufwiesen. Somit ist Glätten nur mit wenig Druck möglich.

Zuerst wird die Bodenfläche mit einem Fuchsschwanz zugesägt und danach auf Schleifpapier etwas glatt geschliffen. Sein Körper soll den ganzen Boden platt ausfüllen und dadurch Gemütlichkeit ausstrahlen. Durch die Verlagerung des Kopfes in das rechte Drittel, ist links ein Stück abzutrennen. Sein Körperteil mit dem weißen Kopf wird etwas nach hinten verlagert. Somit bleiben seine dicken Schenkel vorne dominant liegen.

Erst beim Feinschliff wurde offensichtlich, dass die „Füße" in einer fast weißen Steinschicht lagern. Wunderschön!

Wie wird unser Prachtstück wohl als „Prinz" aussehen?

Schlafende Katze

Für eine Katze war fast kein passender Stein in meiner Sammlung. Doch Katzenliebhaber finden immer den Weg der Überzeugung. So gab ich nach und entwarf aus einem kleinen dicken, grün-bunten Speckstein eine abstrakte, schlafende Katze.

Dieser herrliche Stein hatte eine große helle Kante für den Kopf. Der grünbraune Streifen rechts war gleich als ihr „Fell" zu sehen. Der buschige Schwanz ist ohne größere Schleifarbeit schon im Stein zu sehen und verläuft zum Kopf hin.

Für die feste Lage der Katze sägt man an der Unterkante ein kleines Stück ab und schleift – den Stein mit beiden Händen festhaltend – die Unterkante fest über ein befestigtes Schleifband. Somit liegt die Katze flach. Der helle Kopf besitzt schon zwei keilförmig zulaufende Kanten, die für eine kubistische Ausführung des Kopfes plädieren. Der Schwanz bleibt vorerst ungeschliffen. Einige Steinspitzen werden mit der Trennscheibe abgeschnitten und mit der Raspel nachgefeilt. Die Rundungen des Katzenfells werden mit dem Schleifschwamm gemacht und danach mit feinstem Wasserschleifpapier nachgearbeitet. Die herrliche Steinstruktur kommt noch besser zum Vorschein. Nun sorgt man mit einer Flachfeile für genaue Kanten am Kopf, da der kubistische Ansatz etwas deutlicher werden soll. Für den seidenen Glanz der Katze wird feinstes Wasserschleifpapier und Polierpaste verwendet.

Taube

Die Grundform dieses grauen Steines hatte sogar schon den Kopf der Taube. Auch Flügel und Schwanzfedern waren angedeutet. Bei diesem Stein schneidet man die skizzierten Vorgaben mit dem Linolschneider ein, entschärft die dabei entstehenden Kanten und schleift mit dem groben Schleifschwamm gleich nach. Am Schwanzende schnitzt man noch einige Federn dazu.

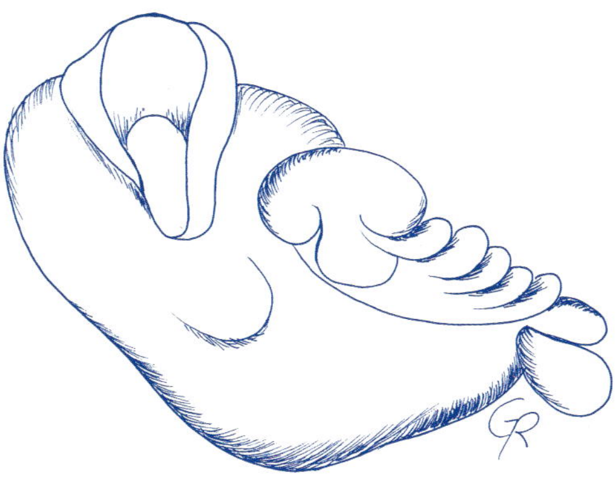

Der Glattschliff erfolgt mit feinem Wasserschleifpapier, nicht zu glatt, damit die Taube weiterhin eine Ruhe in ihrer Gesamtheit ausstrahlen kann.

Pferd

Raimond Duchamp-Villon schrieb Folgendes: „Es ist unmöglich, das Verlangen der heutigen Kunst nur mit Mitteln der Vergangenheit zu befriedigen. Wir wollen plastisch jene Dinge erfassen, mit denen sich die Plastik vorher niemals abgab. Gehen wir oder geht sie fehl bei diesem Unternehmen?" Raymond Duchamp entdeckte 1910 den Kubismus. Höhepunkt der kubistischen Analyse sind die verschiedenen Versionen des „Pferdes", die Duchamp-Villon 1914–1918 konzipierte. Dieses Pferd baut sich aus Geraden, Kurven, Höhlen und Wölbungen neu auf: ein dämonisches Mischwesen, im Original aus rotierender Mechanik und tierischer Natur, verschraubten Kolben und Organen, die sich zu einer Synthese schierer plastischer Energie zusammenschließen.

Zur Umsetzung habe ich einen hellgrünen Stein mit weißbeiger Struktur ausgesucht. Der Rumpf wird zum Sockel eine Wendung nach vorn einschlagen, der Kopf in die Richtung des schräg laufenden Sockelteils gehen. Er bekommt die gleiche Bewegung wie bei der Bronze von Duchamp.

Mit dem Fuchsschwanz begradigt man zuerst die Bodenplatte. Ein guter Stand ist wichtig. Außerdem soll das Sockelteil kantige Schrägen bekommen. Jede Seite der viereckigen Grundfläche hat eine andere Länge, eine andere Richtung. Nicht auszuschließen ist, dass der Stein durch die Bearbeitung die bisherige Idee verändern wird.

Im Leben ist es ebenso, also lassen Sie die Dinge mit Gelassenheit auf sich zukommen. Die Zielsetzung besteht darin, die unterschiedlichsten Richtungen der Steinflächen perfekt zu konzipieren. Für die glatten, geraden Flächen am Sockel verwendet man eine Flachraspel, die mit feinstem Wasserschleifpapier umwickelt ist. Unter fließendem Wasser sind kantige Feinschliffe schnell fertig. Da die Steinart an sich keine Probleme bereitet und feinster Schliff möglich ist, wird die Kompaktheit dieser Skulptur dadurch lebendig. Der Sockel bietet Platz für eine Widmung oder eine Signatur.

Stier

Die Eisenkonstruktion „Le Hallebardier 1971" im Sprengel Museum Hannover hat mich an die Anfänge der Metallmontage erinnert. 1928 experimentierte Picasso mit kleinen Figuren aus Draht: äußerst vereinfachte Abstraktionen, die auf reine Umrisslinien gebracht sind. Picasso erlernte bald von seinem neuen Freund González das Schweißen mit Sauerstoff, und so entstand eine enge Zusammenarbeit, in der sich ein heiteres Glücksmoment der modernen Plastik kristallisiert.

Mein Speckstein für das Thema Stier ist hart und von schieferartiger Struktur. Der Nachteil ist daher, dass das Sägen des Steines etwas schwerer geht, der Stein trotzdem jedoch zerbrechlich bleibt. Aber er ist traumhaft dunkel gemasert und sehr passend für dieses Motiv.

Der feste Stand des Steines ist mit dem Fuchsschwanz bald hergestellt. Mit der Trennscheibe sägt man die große Ausbuchtungen am Körper und den Hörnern heraus. Gerade Flächen verträgt dieser Speckstein sehr gut. Die Rundung zwischen den Beinen schleift man mit der Rundraspel. Mit der großen Flachraspel sowie der elektrischen Trennscheibe werden allen Teilen harte Kanten geschnitten und mit Wasserschleifpapier geglättet.

Seerose

Aus diesem weißrosa Speckstein muss eine Seerose entstehen. Er hat schon die äußere Form und vor allem die Farbe. Es gibt etwa 35 weltweit verbreitete Seerosen-Arten. Die in Deutschlands Warmwasserbecken meist gepflanzte Sorte ist die Nymphaea alba, eine weiße Seerose mit herzförmigen Schwimmblättern. Einige daraus entstandene Sorten haben weiße Blütenblätter mit rosafarbenem Ansatz. Mit diesen Blütenblättern werden wir das Schnitzen beginnen.

Der Speckstein braucht auf der Bodenseite nur etwas Flachschliff. Dazu zieht man den mit beiden Händen gehaltenen Stein über ein festgeklemmtes Schleifpapier. Die Körnung hängt von der Masse ab, die für die feste Lage abgeschliffen werden muss. Danach sucht man vorhandene Steinspitzen, die als Blattspitzen verwendet werden können und zeichne diese ein. Beachtet werden muss, dass die Blätter zur Blütenmitte hin kleiner werden und meist versetzt liegen.
Nachdem alle Konturen der Blätter mit dem Schnitzmesser vorgegeben sind sowie der Blütenstempel etwas tiefer markiert ist, kann man dem Speckstein beim Blütenstempel mehr Tiefe geben. Ohne Rücksicht auf vorgegebene Konturen, schleift man mit der Rundraspel einen Grader in die Mitte des Steines.
Seine Kompaktheit wird aufgebrochen, die Blüte beginnt zu

leben. Neue Perspektiven tun sich auf. Das Blüteninnere bekommt ein neues Gesicht. Dem Herz der Blüte schneidet man jetzt mehr Platz und gleicht die ersten Blütenblätter an.

Es wird deutlich, dass mit jedem geschnittenen und unterhöhlten Seerosenblatt das Kunstwerk empfindlicher wird.

Einigen Blättern wird die Wölbung weggeschliffen, was den Blättern mehr Stolz gibt. Durch die Ausarbeitung der äußeren Blütenblätter verändert sich die ganze Form, wirkt leichter.

Da der Speckstein keine gleichmäßige Grundmasse anbietet, bleiben die Blattoberflächen natürlich strukturiert und leben mit ihrer Form, nicht mit einem polierten „Glanz".

Südwind

Mein reinweißer Stein hat an der rechten Oberseite eine größere, schräg verlaufende, gleichmäßig strukturierte Fläche, die sich für ein Segel eignet. Das Wetter lässt bei meiner Arbeit noch Südsee-Gedanken aufkommen. So entsteht die Idee zum weißen Segelboot.

Damit der kantige Mast die schwere Last des Segels „tragen" kann, verlängert man das Segel bis zum Rumpf. Die andere Seite des Steines bietet auch noch Platz für ein kleines Segel, was den sportlichen Charakter etwas dämpft. Es bleibt eine Herausforderung, bis alle Durchbrüche ohne Problem geschafft waren.

Die Standfläche muss im rechten Winkel zum Mast zugesägt werden. Mit dem Fuchsschwanz geht dies an dem recht weichen Stein problemlos. Danach wird die endgültige Richtung des Mastes festgelegt sowie der Platz der geplanten Segel.

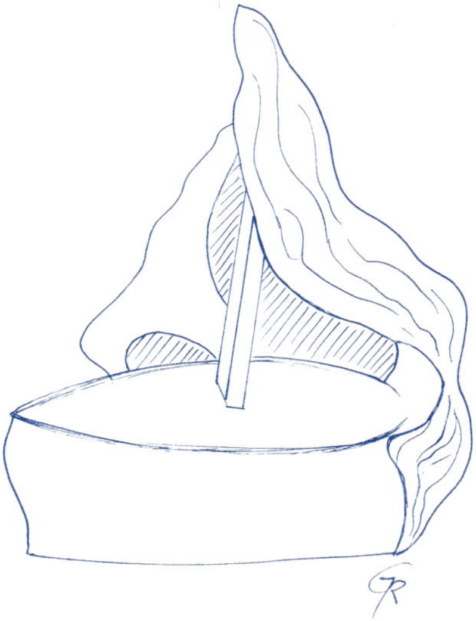

Mit der Bohrmaschine öffnet man die Durchbrüche und erweitert sie mit der groben Raspel. Den überschüssigen Stein an der Außenkante schneidet man mit der elektrischen Trennscheibe ab.

Die jetzigen Feinheiten werden mit Raspeln gemacht. Vorsicht ist angesagt, denn der Stein ist weich und zerbrechlich. Die Segel

werden nun etwas schwungvoll nachgefeilt und alle Innenseiten ganz glatt und noch etwas „in den Wind" geschliffen. Die Außenseite sollte naturbelassen bleiben. Für die harten Kanten, wie z. B. die des Mastes, wickelt man um eine Nagelfeile etwas feinstes Wasserschleifpapier. Ein Prachtstück, allerdings nicht für „starke Seegänge"!

Wasservogel

Bei der Bearbeitung des Steines wurde an einen Pinguin gedacht. Es könnte sich aber auch um einen anderen, hoch aufgerichteten Wasservogel handeln.
Dieser dunkelgrüne Stein mit schwarzen Sprenkeln hatte schon von Anfang an die Form, die eine solche Skulptur suggerierte. Zuerst wurden die Umrisse aufgezeichnet, wie bei den vorherigen Beispielen zu sehen war. Überflüssige Teile wurden abgetrennt. Die dabei entstandenen Flächen werden ganz glatt geschliffen. So erhält zum Beispiel der Bauch seine glatt begrenzte Oberfläche.
Im gewollten Gegensatz dazu bleibt das Gefieder ursprünglich rau und stumpf. Dieser Kontrast erzielt dann die besondere Wirkung.

Hahn

„Hahn" bedeutet, laut Brockhaus eigentlich „Sänger". Der Grund liegt klar auf der Hand: Sein charakteristischer Ruf am Morgen.

Dieser Stein zeigt auf beiden Seiten eine so schöne Maserung, dass es schwer fällt, sich für eine Vorderseite zu entscheiden. Diese hier ist fast ganz weiß und pastellgrün gesprenkelt und läuft nach hinten, wo die Schwanzfedern eingearbeitet werden, dunkel aus. Diese dunklen Maserungen ziehen sich auch auf die andere Seite. Feinschliff und Politur bringen dies besonders zur Ge-tung.

ENGLISCH VERLAG

kreativ

ISBN 3-8241-0498-9
Broschur, 64 Seiten

ISBN 3-8241-0876-3
Broschur, 64 Seiten

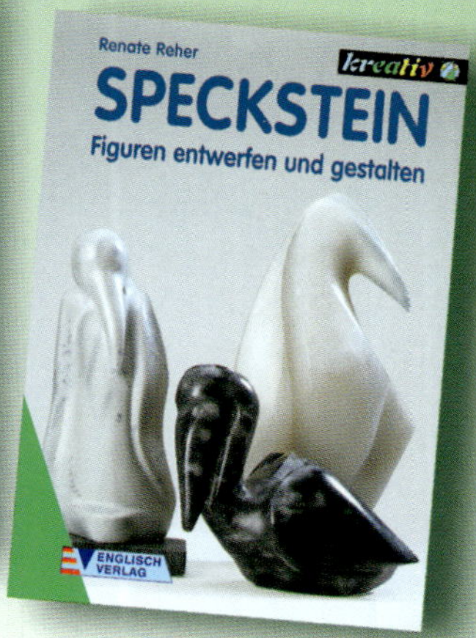

ISBN 3-8241-0665-5
Broschur, 64 Seiten

ISBN 3-8241-1067-9
Broschur, 64 Seiten

ISBN 3-8241-0596-9
Broschur, 64 Seiten

ISBN 3-8241-1043-1
Broschur, 64 Seiten

Lust auf Mehr?

Liebe Leserin, lieber Leser,
natürlich haben wir noch viele andere Bücher im Programm.
Gerne senden wir Ihnen unser Gesamtverzeichnis zu.
Auch auf Ihre Anregungen und Vorschläge sind wir gespannt.
Rufen Sie uns einfach an oder schreiben Sie uns.

Englisch Verlag GmbH
Postfach 2309 · 65013 Wiesbaden
Telefon 06 11/9 42 72-0 · Telefax 06 11/9 42 72 30
E-Mail info@englisch-verlag.de
Internet http://www.englisch-verlag.de